Couvertures supérieure et inférieure
manquantes

Quelques documents

sur le sort des

ARMÉNIENS

en 1915-16

Publié par le Comité
de l'Oeuvre de secours 1915 aux Arméniens

FASCICULE III

GENÈVE
A. EGGIMANN, ÉDITEUR, RUE DU MARCHÉ, 40
Septembre 1916

Ces deux documents ont été imprimés en allemand, par les soins du Comité suisse de secours aux Arméniens, à Bâle, *Buchdruckerei zum Basler Berichthaus*, 1916.

Le document I a été imprimé à Berlin, *Druckerei und Verlag des Reichsboten*, 1916.

INTRODUCTION

Nous publions ici deux rapports particulièrement importants. Écrits par des Allemands habitant la Turquie, ils ne peuvent être suspectés de partialité ni en faveur des Arméniens, ni contre les Alliés de la Turquie. L'un d'eux a été adressé par son auteur, le Dr Niepage, maître supérieur à l'école allemande d'Alep (Syrie), aux représentants du peuple allemand. Les déclarations que ce document contient parlent si haut et si clairement qu'en publiant le second document, nous pouvons, pour des raisons spéciales, taire le nom de son auteur, mort maintenant, ainsi que celui des personnes dont il invoque le témoignage. L'auteur nous était connu. Ses notes portent tout le caractère de choses vues et entendues et nous nous en portons garants.

Les deux fascicules que nous avons déjà publiés sur les persécutions arméniennes[1] donnaient une série de tableaux des massacres, des expulsions dont les villes de l'Asie Mineure ont toutes été le théâtre et des souffrances sans nom des déportés.

Dès lors les renseignements les plus précis, collectifs et individuels n'ont cessé d'affluer confirmant que les faits que nous avons racontés à propos d'un certain nombre de localités se sont passés *sans exception* dans toute la Turquie d'Asie du nord au sud, de l'orient à l'occident. Pas un hameau, pas un village, pas une ville n'ont été épargnés. Un plan général et uniforme, provenant d'une seule volonté centrale a été suivi :

[1] Pour les obtenir, s'adresser à la librairie Eggimann, 40, rue du Marché, Genève.

Recrutement militaire de la jeunesse masculine arménienne que toutefois on n'arme pas, mais qu'on emploie à des travaux spéciaux au cours desquels on en fait froidement des hécatombes — mesures de rigueur contre le reste de la population, visites domiciliaires accompagnées de meurtres et de viols, arrestations, pendaisons, tortures abominables des notables, professeurs, médecins, etc., et spécialement des Arméniens en vue qui avaient loyalement collaboré à l'avènement du régime Jeune-Turc — arrestation en masse de toute la population masculine, que l'on massacre ou entasse dans des prisons — chantages et extorsions par tous les fonctionnaires, même les plus hauts — ordre à toute la population féminine, aux vieillards et aux enfants de quitter la ville, mise en marche d'interminables convois que l'on affame, que l'on fait marcher à coups de bâton, de fouet ou de baïonnette ; les femmes traînent ou portent leurs petits enfants, on les pille. Les quelques hardes, le peu d'argent qu'elles ont emportés leur sont arrachés, certains convois sont complètement nus, la route est bordée de mourants et de cadavres, tous les fleuves en charrient. Les femmes sont en proie à toutes les brutalités, les moins malheureuses sont amenées dans les maisons des Turcs et des Kurdes, beaucoup meurent ou deviennent folles après avoir servi de jouets à des troupes de misérables. On promet à ceux qui se feront musulmans, qu'ils seront exemptés de la déportation, qu'ils auront la vie sauve. Beaucoup refusent. D'ailleurs la promesse n'est presque jamais tenue.

Une fois la ville vidée de ses habitants arméniens, le muezzin monte sur le toit de l'église chrétienne et appelle les *fidèles* à la prière. C'est maintenant une mosquée ; les Turcs du voisinage ou des réfugiés de régions éloignées (mohadjirs), s'installent dans les maisons arméniennes, s'emparent de tout, maisons, champs, magasins, argent, et pendant ce temps, ou même déjà avant l'exode des femmes, on extrait successivement des prisons tous les hommes ; on les emmène dans quelque vallée voisine, on leur fait creuser leur fosse et on les massacre froidement par centaines et quelquefois par milliers à la fois.

Plus d'un million de créatures humaines, riches et pauvres, intellectuels, ouvriers et paysans est ainsi précipité à tous les degrés du désespoir.

Ces fleuves humains qui ont leurs sources dans toutes les régions de l'Asie Mineure, se déversent dans deux réservoirs principaux, les déserts malsains des environs de Konia et le nord de la Syrie où ils aboutissent à Alep. Là, ils stationnent plus ou moins longtemps, et on les écoule ensuite plus à l'est dans les déserts de la Mésopotamie. C'est à Alep que le docteur Niepage les a vus et nous les fait voir, des affamés, des mourants et des morts pêle-mêle et des bourreaux s'acharnent sur eux.

En publiant ces nouveaux documents, nous n'avons *qu'un seul but*, mettre sous les yeux de tous de nouveaux récits authentiques et complètement impartiaux des forfaits commis sur le peuple arménien.

Ce peuple, avant-garde de l'Europe en Orient, placé au point géographique où se rencontrent les races de l'Europe et celles de l'Asie, est le seul peuple de ces régions qui soit capable de s'assimiler notre civilisation et de la développer. Souvent méconnu et calomnié par les Européens intéressés à en médire, il a été sans cesse la victime de la diplomatie égoïste des puissances. Pendant des siècles de misères, il a maintenu sa religion, sa vie de famille, ses habitudes patriarcales, son amour du progrès, son idéalisme, détesté par ses oppresseurs qui se rendaient compte de sa supériorité et du rôle qu'il pouvait être appelé à jouer dans l'avenir et cependant cherchant sans cesse à vivre en frères avec les Turcs et à travailler avec eux au salut de l'empire menacé de toutes parts.

Les révoltes, les trahisons dont les Turcs l'accusent ne sont que de vains et rares essais locaux de résistance d'une population qui se sent traquée et, qui en but à d'odieuses mesures préliminaires à l'extermination qu'on sent venir, préfère mourir après avoir fait usage des quelques armes dont elle dispose. Les affirmations contraires sont d'odieux mensonges ; les journalistes qui les répètent ne voient-ils pas se dresser devant eux les spectres de ces centaines de mille victimes innocentes au carnage desquels ils applaudissent ?

APPEL

Tel est le peuple que le monde civilisé ne doit pas laisser périr. Les déportés étaient encore, il y a quelque temps, 4 à 500,000 ; ils agonisent et nous pouvons encore sauver un grand nombre de ces malheureux.

Notre peuple s'est montré généreux et bienfaisant envers une foule de victimes de la guerre qui appartiennent pour la plupart à des nations riches et puissantes. Souvenons-nous que les Arméniens là-bas, si loin, que toutes ces femmes et ces enfants n'ont pour les sauver que la charité et la compassion de peuples qui leur sont étrangers.

Pour les lieux de souscription voir au verso de la couverture.

I

Quelques mots aux représentants officiels du peuple allemand

Impressions d'un Allemand, maître d'école en Turquie

PAR LE

Dr Martin NIEPAGE

Maître supérieur à l'École réale allemande d'Alep

Lorsqu'en septembre 1915, je revins de Beirout à Alep après des vacances de trois mois, j'appris avec horreur qu'une nouvelle période de massacres arméniens avait commencé ; beaucoup plus terribles que sous Abdul Hamid, ils avaient pour but d'exterminer radicalement le peuple arménien, peuple intelligent, industrieux, épris de progrès, et de faire passer tout ce qu'il possédait aux mains des Turcs.

Au premier moment je me refusai à le croire. On me disait que dans différents quartiers d'Alep, il se trouvait des masses de gens affamés, misérables restes de ce qu'on appelait « les convois de déportation. » Pour couvrir du manteau de la politique cette extermination du peuple arménien, on invoquait des raisons militaires qui auraient rendu nécessaire de chasser les Arméniens des demeures qu'ils occupaient depuis 2500 ans, pour les transporter dans le désert arabique, et l'on disait aussi que quelques Arméniens s'étaient rendus coupables d'actes d'espionnage.

Je m'informai des faits, je pris de tous côtés des renseignements, et j'arrivai à la conclusion que les accusations portées contre les Arméniens n'étaient que des faits isolés et peu imdortants, dont on se servait comme prétexte pour frapper dix mille innocents pour un coupable, pour sévir de la façon la plus cruelle contre des femmes et des enfants, pour organiser contre les déportés une campagne de famine dont le but était l'extermination totale.

Pour vérifier l'opinion que je m'étais formée par ces renseignements, j'ai visité toutes les parties de la ville où se trouvaient des Arméniens, restes des convois de déportés. Dans des caravansérails (Khans) délabrés, j'ai trouvé des amas de morts décomposés et parmi eux encore des vivants qui allaient rendre le dernier soupir. Dans d'autres locaux, je trouvai des amas de malades et d'affamés dont personne ne s'occupait. Tout autour de notre école se trouvaient quatre de ces khans renfermant sept à huit cents déportés affamés. Maîtres et élèves, nous devions chaque jour passer à côté de ces khans. Par les fenêtres ouvertes, nous voyions ces êtres lamentables, vêtus de haillons, émaciés. Les enfants de notre école passaient chaque matin dans les étroites ruelles à côté des chariots à deux roues attelés de bœufs sur lesquels on chargeait huit ou dix cadavres raidis, sans cercueil et sans suaire, les bras et les jambes pendant en dehors.

Après avoir assisté quelques jours à ce spectacle, j'ai cru de mon devoir d'écrire le rapport suivant :

« En notre qualité de maître de la Realschule allemande d'Alep, nous nous permettons de donner les informations suivantes :

« Nous considérons comme notre devoir de déclarer que notre travail d'école n'a plus auprès des habitants de cette ville aucune base morale et ne peut plus se faire respecter, si le gouvernement allemand n'a pas la possibilité d'empêcher la brutalité avec laquelle on procède ici contre les femmes et les enfants des Arméniens massacrés. Des convois de déportés qui, à leur départ de la Haute Arménie comptaient deux à trois mille hommes, femmes et enfants, sont réduits à deux ou trois cents à leur arrivée dans le sud. Les hommes sont tués en route, les femmes et les jeunes filles à l'exception des vieilles, des laides et des toutes petites sont violées par des soldats et des officiers turcs, puis elles disparaissent dans les villages turcs et kurdes, où elles doivent accepter l'Islam. Le reste des caravanes est décimé par la faim et la soif. Même au passage des fleuves, on ne leur permet pas de boire. Pour toute nourriture, on leur verse dans la main, comme ration de chaque jour, un peu de farine qu'ils lèchent avidement et dont le seul effet est de retarder leur mort.

« En face de notre école, se trouvent dans un des Khans les restes d'une de ces colonnes de déportés, environ quatre cents êtres émaciés, parmi lesquels une centaine d'enfants de cinq à sept ans. La plupart sont malades du typhus et de la dyssenterie. Si l'on entre dans la cour, on croit entrer dans une maison de fous. Si l'on apporte de la nourriture, on voit qu'ils ont désappris de manger. Leur estomac affaibli par une faim qui a duré des mois, ne supporte plus la nourriture. Si on leur donne du pain, ils le laissent de côté avec indifférence ; ils sont là tranquilles, et attendent la mort.

« Comment nous, instituteurs, pouvons-nous lire avec nos élèves, nos contes allemands ou étudier dans la Bible l'histoire du bon Samaritain ? Comment pouvons-nous leur enseigner les déclinaisons, les conjugaisons, quand tout autour et tout près, leurs compatriotes succombent à la faim ? Notre travail est une insulte à la morale et la négation de toute sensibilité humaine. Et ces malheureux, qu'à travers la ville et ses environs, on a chassés par milliers dans le désert, presque exclusivement des femmes et des enfants, que deviennent-ils ? On les traque d'endroit en endroit jusqu'à ce que des milliers soient réduits à des centaines, et des centaines à une petite troupe, et cette petite troupe on la chasse encore jusqu'à ce qu'elle n'existe plus. Et alors, le but du voyage est atteint, voilà « les nouvelles demeures assignées aux Arméniens », comme s'expriment les journaux.

« *Tu alim el aleman* — « c'est l'enseignement des Allemands », dit le simple Turc à ceux qui lui demandent quels sont les instigateurs de ces forfaits. Les Turcs plus cultivés admettent que, même si le peuple allemand blâme les cruautés, le gouvernement allemand ne fait rien pour les empêcher, cela par égard pour ses alliés turcs.

« Même des musulmans de sentiments plus délicats, Turcs et Arabes, secouent la tête et ne peuvent retenir leurs larmes en voyant passer à travers la ville un convoi de déportés escorté par des soldats turcs qui frappent violemment les femmes enceintes, des mourants, des gens qui ne peuvent plus avancer. Ils n'arrivent pas à se persuader que c'est leur gouvernement qui a ordonné ces cruautés et ils en rendent entièrement responsables les Allemands que l'on considère comme étant pendant la guerre les directeurs de la Turquie. Dans les mosquées, les mollahs disent que ce n'est pas La Porte qui a ordonné les cruautés envers les Arméniens et leur extermination, mais les officiers allemands.

« Les spectacles auxquels on assiste ici depuis des mois, resteront en fait dans le souvenir des peuples orientaux, une tache de honte sur l'écusson allemand.

« Pour éviter d'avoir à changer d'idée sur le caractère allemand, qu'ils avaient l'habitude de respecter, beaucoup d'hommes cultivés se représentent les choses de la manière suivante : Le peuple allemand, disent-ils, ne sait probablement rien des effroyables massacres qui sont en cours d'exécution partout en Turquie contre les chrétiens indigènes, car le peuple allemand aime la vérité, et, comment s'expliquer que les seules nouvelles données par les journaux allemands mentionnent seulement que des Arméniens ont été arrêtés comme espions ou comme traîtres et ont été justement et légalement fusillés ?

« D'autres Turcs disent : « Peut-être le gouvernement allemand a-t-il les mains liées par des accords sur les compétences réciproques ou peut-être son intervention n'est-elle pas opportune dans ce moment. » Nous savons que l'ambassade allemande à Constantinople a été renseignée sur tout par ses consuls. Mais comme il n'y a eu jusqu'ici aucune modification dans les procédés de déportation, notre conscience nous oblige à écrire ce rapport ».

Au moment où j'écrivais ce document, le consul allemand d'Alep était remplacé par son collègue d'Alexandrette, le consul Hoffmann. Celui-ci me déclara que l'ambassade allemande avait reçu de nombreux rapports des consulats d'Alexandrette, d'Alep et Mossoul. Il m'engageait à les compléter par le récit de ce que j'avais vu moi-même et me promettait de faire parvenir mon rapport à Constantinople. Je l'écrivis donc en donnant une peinture exacte de l'état de choses que j'avais constaté dans le khan situé en face de notre école. Le consul Hoffmann le compléta par des photographies prises par lui-même dans le khan et qui représentaient des monceaux de cadavres au milieu desquels se trainaient des enfants encore en vie.

Sous cette forme, ce texte fut signé aussi par mes collègues, Dr Græter, maître supérieur, et Mme Marie Spiecker. Le directeur de notre école, M. Huber, apposa aussi sa signature et y ajouta les mots suivants : « Le rapport de mon collègue Niepage n'est en aucune façon exagéré. Nous vivons depuis des semaines dans une atmosphère empestée par la maladie et par l'odeur des cadavres. Ce n'est que l'espoir de prompts secours qui nous permet de continuer notre travail. »

Les secours ne sont pas venus. Alors je pensai à donner ma démission de mes fonctions de maître supérieur de l'école allemande pour le motif qu'il était absurde et immoral d'être le représentant de la culture européenne, d'apporter à un peuple l'instruction et l'éducation et en même temps d'assister sans rien faire à la mort par la faim des compatriotes de nos élèves, exécutée par le gouvernement du pays.

Mon entourage et le directeur de l'école, M. Huber, me

firent renoncer à ce projet : on me représenta qu'il était important que nous restions dans le pays comme témoins, peut-être notre présence contribuerait-elle à rendre les Turcs un peu moins inhumains envers leurs victimes. Je reconnais maintenant que j'ai été trop longtemps le témoin silencieux de ces horreurs.

Notre présence n'a amené aucune amélioration, ce que nous avons pu faire était fort peu de chose. Mme Spiecker, notre vaillante collègue, acheta du savon, les femmes et les enfants encore vivants furent savonnés et débarrassés de la vermine. Elle chargea quelques femmes de cuire de la soupe pour les femmes qui pouvaient encore se nourrir. Pendant sept semaines je distribuai chaque soir aux enfants mourants sept seaux de thé, du fromage et du pain amolli. Mais le typhus, typhus de famine et typhus exanthématique se propagèrent des maisons de morts dans la ville, je tombai malade avec cinq de mes collègues et nous dûmes interrompre notre activité. D'ailleurs les déportés qui arrivaient à Alep ne pouvaient plus être sauvés, ce n'étaient que des condamnés dont nous pouvions adoucir les derniers moments.

Ce que nous voyions à Alep n'était que le dernier acte de la grande tragédie, une petite partie de l'horreur qui régnait dans les autres parties de la Turquie. Les ingénieurs du chemin de fer de Bagdad, en rentrant de leurs voyages, des voyageurs allemands qui avaient rencontré sur leur route les caravanes de déportés apportaient des récits beaucoup plus affreux. Plusieurs d'entre eux ne pouvaient pas manger tellement ils étaient frappés d'horreur.

L'un d'eux (M. Greif, Alep) racontait que le long de la chaussée du chemin de fer vers Tell Abiad et Ras ul Ain, des cadavres nus de femmes violées étaient étendus en masse. Un autre (M. Spiecker, Alep) avait vu les Turcs attacher ensemble des hommes arméniens, tirer dans le tas des coups de fusil et s'éloigner en riant tandis que leurs victimes mouraient lentement dans d'horribles convulsions. A d'autres on avait attaché les mains derrière le dos et on les faisait rouler le long de pentes escarpées ; au bas se trouvaient des femmes qui les achevaient à coups de coutaux. Un ecclésiastique protestant qui nous avait reçus bien cordialement chez lui mon collégue Græter et moi pendant un de nos voyages avait eu les ongles arrachés.

Le Consul allemand de Mossoul raconta en ma présence au Casino allemand d'Alep qu'en venant de Mossoul à Alep il avait, en plusieurs endroits de la route, vu tant de mains d'enfants coupées qu'on aurait pu en paver la route. A l'hôpital allemand d'Urfa se trouve une petite fille qui a eu les deux mains coupées. M. Holstein, consul allemand de Mossoul a vu prés d'un village arabe, voisin d'Alep, des fosses remplies de cadavres arméniens. Les Arabes du village lui racontérent qu'ils avaient tué ces Arméniens par ordre du gouvernement. Un d'eux se glorifiait d'en avoir massacré huit.

Dans beaucoup de maisons d'Alep qui étaient habitées par des chrétiens, je trouvais cachées des jeunes filles arméniennes qui, par quelque hasard, avaient échappé à la mort, soit qu'épuisées elles se fussent arrêtées en route et eussent été laissées pour mortes lorsque le convoi avait repris sa marche, soit que des Européens aient eu l'occasion de les acheter pour quelques marks au soldat turc qui les avait deshonorées en dernier. Presque toutes sont comme folles. Beaucoup ont vu les Turcs couper la gorge à leurs parents. Je connais de ces pauvres êtres dont pendant des mois on n'a pu tirer une seule parole et que rien ne peut faire sourire maintenant. Une jeune fille de 14 ans a été recueillie par le chef de magasin de la Bagdadbahn à Alep, M. Krause. Elle avait été possédée pendant une nuit par tant de soldats turcs qu'elle avait perdu la raison. Je la voyais, les lèvres brûlantes, s'agiter follement sur son lit et j'eus beaucoup de peine à lui faire boire un peu d'eau.

Un Allemand que je connais vit prés d'Urfa des centaines de paysannes chrétiennes obligées par des soldats turcs à se mettre nues, et à la joie des soldats elles durent pendant des jours marcher ainsi à travers le désert par 40 degrés de chaleur; leur peau était totalement brûlée. Un autre a vu un Turc arracher l'enfant qu'une mère arménienne portait encore dans son sein et l'écraser contre la paroi.

D'autres faits, pires encore que les exemples que nous donnons. sont consignés dans les nombreux récits des consulats allemands d'Alexandrette, Alep et Mossoul qui ont été envoyés à l'ambassade. L'opinion des consuls est qu'un million d'Arméniens ont péri dans les massacres de ces derniers mois, la moitié au moins sont des femmes et des enfants, tués ou morts de faim.

C'est un devoir de raconter ces choses. Quoique le gouvernement ne poursuive par la destruction des Arméniens que des buts de politique intérieure, la manière dont elle est exécutée a tous les caractères d'une persécution dirigée contre les chrétiens.

Les nombreux dix milliers de femmes et d'enfants qui ont été absorbés par les harems turcs, la masse des enfants qui, rassemblés par le gouvernement, ont été partagés entre les Turcs et les Kourdes sont perdus pour l'église chrétienne. Ils doivent devenir musulmans. Les Allemands entendent de nouveau le mot insultant « giaour ».

A Adana, je vis une troupe d'orphelins arméniens traverser les rues sous la conduite de soldats turcs. Les parents ont été massacrés, les enfants doivent devenir musulmans. Partout il est arrivé que des Arméniens adultes ont pu sauver leur vie en embrassant l'islamisme. Mais dans certains endroits des fonctionnaires turcs, après avoir invité les chrétiens à présenter une requête à l'effet d'être reçus dans la communauté islamique, leur ont noblement répondu, pour jeter de la poudre aux yeux des Européens, que la religion n'est pas un jouet et ils ont fait tuer les postulants. A des Arméniens qui leur apportaient de riches présents, des hommes comme Talaat et Enver Bey ont à plusieurs reprises répondu, tout en acceptant les présents, qu'ils auraient préféré les recevoir de convertis à l'islam. Un de ces messieurs dit à un reporter : « Certainement nous châtions aussi beaucoup d'innocents. Mais il faut aussi nous protéger contre ceux qui pourraient devenir coupables ». Tels sont les arguments par lesquels les hommes d'Etat turcs justifient les massacres en masse de femmes et d'enfants. Un ecclésiastique catholique allemand affirme qu'Enver Pacha a dit à l'envoyé du pape à Constantinople, Monseigneur Dolci, qu'il ne s'arrêterait pas tant qu'un seul Arménien serait encore en vie.

Le but de la déportation est l'extermination de tout le peuple arménien. Cette intention ressort clairement du fait que le gouvernement turc cherche systématiquement à empêcher toute intervention secourable des missions, des sœurs de charité, des Européens qui sont dans le pays. Un ingénieur suisse a été traduit devant un conseil de guerre pour avoir distribué du pain à des Arméniens d'un convoi de déportés. Le gouvernement n'a pas hésité à déporter les élèves et les maîtres des écoles allemandes d'Adana et d'Alep non plus que des enfants arméniens des orphelinats allemands ; il n'a tenu aucun compte des efforts faits pour les sauver par les consuls ou par les directeurs d'établissements. L'offre du gouvernement américain de transporter les déportés en Amérique sur des bateaux américains et aux frais de l'Amérique a été repoussée.

Ce que nos consuls allemands et de nombreux étrangers habitant le pays pensent des massacres, on le saura plus tard par leurs rapports. Sur les opinions des officiers allemands je ne puis rien dire. J'ai souvent remarqué leur silence glacial ou leurs efforts désespérés pour détourner la conversation lorsque quelque Allemand sensible émettait un jugement indépendant sur l'effroyable misère des Arméniens.

Quand le feld-maréchal von der Goltz se rendit à Bagdad et passa par Djerablus sur l'Euphrate, il s'y trouvait à ce moment un grand convoi de déportés affamés. J'ai su plus tard à Djerablus même que peu avant l'arrivée du feld-maréchal on avait chassé à coups de fouet ces malheureux avec leurs malades et leurs mourants à quelques kilomètres derrière les collines. Quand von der Goltz passa, on ne voyait plus aucune trace de la présence de ces malheureux et quand peu après je visitai avec deux collègues l'emplacement, nous trouvâmes dans quelques endroits hors de vue des cadavres d'hommes et d'enfants, des restes de vêtements, des crânes, des ossements dont les chacals et les oiseaux de proie avaient en grande partie rongé les chairs.

L'auteur de ce rapport n'admet pas que, si le gouvernement allemand avait eu la ferme volonté d'arrêter ces exécutions au dernier moment, il n'aurait pas pu rappeler le gouvernement turc à la raison. Si les Turcs sont vraiment bien disposés en notre faveur, comme on le dit, ne doit-on pas leur représenter le tort qu'ils nous font devant l'opinion du monde entier si, en notre qualité d'alliés, nous regardons tranquillement les Turcs massacrer des centaines de mille de nos coreligionnaires, violer leurs femmes et leurs filles, faire passer leurs enfants à l'Islam? Les Turcs ne comprennent-ils pas que leurs barbaries nous sont portées en compte et qu'on nous accuse, nous Allemands, ou d'un consentement coupable ou d'une faiblesse méprisable si nous fermons les yeux devant les atrocités causées par cette guerre et si nous nous taisons en présence de faits connus du monde entier? Si les Turcs sont aussi intelligents qu'on le dit, est-il impossible de les persuader qu'en détruisant les peuples chrétiens de la Turquie, ils anéantissent le principal facteur de développement de leur pays, les intermédiaires nécessaires du commerce européen et de la civilisation générale? Si les Turcs sont aussi perpicaces qu'on le dit, ne craindront-ils pas que, lorsqu'on connaîtra ce qui s'est passé dans leur pays pendant la guerre, les états européens civilisés ne jugent qu'ils ont eux-mêmes aboli leur droit à se gouverner et détruit toute la confiance qu'on pouvait avoir en leurs possibilités de civilisation et leur tolérance? N'est-ce pas pour le bien de la Turquie que le gouvernement allemand l'empêcherait de se ruiner économiquement et moralement?

Par ce rapport je cherche à parvenir aux oreilles du gouvernement par l'intermédiaire des représentants attitrés du peuple allemand. Tout douloureux que soient ces faits, ils ne doivent pas être ignorés dans les séances de commissions du Reichstag. Rien ne serait plus honteux pour nous que de voir élever à frais énormes dans Constantinople un édifice consacré à l'amitié turco-allemande alors que nous ne serions pas à même de protéger nos coreligionnaires contre des barbaries qui, même dans la sanguinaire histoire de la Turquie, n'ont pas leurs pareilles. Ne vaudrait-il pas mieux employer les sommes recueillies à élever des orphelinats pour les malheureuses victimes de la barbarie turque?

Quand après les massacres de 1909 à Adana, eut lieu une sorte de dîner de réconciliation auquel assistaient avec de hauts fonctionnaires turcs, les sommités ecclésiastiques arméniennes, un de ces derniers se leva, à ce que raconte le consul Büge et dit ceci : « Il est vrai que nous Arméniens avons beaucoup perdu pendant ces jours de massacres, nos hommes, nos femmes, nos enfants et nos biens. Vous Turcs vous avez perdu davantage. Vous avez perdu votre honneur ».

Allons-nous continuer à déclarer que les massacres de chrétiens sont une affaire intérieure de la Turquie qui n'a d'autre importance pour nous que de nous assurer l'amitié de la Turquie? Alors nous devons modifier les lignes dirigeantes de notre politique de civilisation. Alors nous devons cesser d'envoyer des maîtres d'école en Turquie et, nous maîtres, nous devons cesser de parler à nos élèves des poètes et des philosophes de l'Allemagne, de la culture allemande, de l'idéal allemand, et ne plus rien dire du christianisme allemand.

J'ai été envoyé il y a trois ans par l'Office des Affaires Etrangères comme maître supérieur à l'école allemande d'Alep. Le collège provincial de Magdeburg m'a assigné à mon départ comme devoir spécial de me montrer digne de la confiance que l'on me témoignait en me remettant ces fonctions. Je ne remplirais pas mon devoir de fonctionnaire allemand et de représentant attitré de la culture allemande si, en présence des hontes dont j'ai été témoin, je me taisais, si je voyais sans agir les élèves qui me sont confiés être chassés dans le désert et mourir de faim.

Quels sont les motifs qui ont poussé le gouvernement Jeune-Turc à décréter et à exécuter ces mesures effroyables?

Les Jeunes-Turcs voient flotter devant eux l'idéal européen d'une nationalité homogène. Les races musulmanes non-turques, soit les Kourdes, les Perses, les Arabes, etc. seront, ils l'espérent, turquifiées, assimilées par voies administratives, par l'école turque en leur présentant l'intérêt musulman général. Les nations chrétiennes, Arméniens, Syriens, Grecs, ne seront pas, ils le pensent, turquifiées pacifiquement, cela à cause de leur supériorité de culture et de leur développement économique. Leur religion constitue aussi un obtacle. C'est pourquoi il faut les détruire ou les islamiser par force. Les Turcs ne se rendent pas compte qu'en faisant cela, ils coupent la branche sur laquelle ils se tiennent. Qui fera progresser la Turquie, sinon les Grecs, les Arméniens et les Syriens qui forment plus du quart de la population de l'Empire? Les Turcs sont la moins douée des races qui habitent la Turquie, ils ne constituent qu'une minorité de la population et sont infiniment moins cultivés que les Arabes mêmes. Où trouve-t-on un commerce turc, des métiers turcs, une industrie, un art, une science turcs? Leur droit même, leur religion, leur langue littéraire, ils ont dû les emprunter aux Arabes qu'ils ont soumis.

Nous, maîtres d'école, qui avons pendant des années instruit en Turquie des Grecs, des Arméniens, des Arabes, des Turcs, nous ne pouvons pas porter un jugement autre que de déclarer que parmi tous nos élèves, les Turcs sont les moins désireux d'apprendre et les plus incapables. Quand on apprend qu'un Turc arrive à quelque chose on peut dans neuf cas sur dix être sûr qu'il s'agit d'un Tcherkesse, d'un Albanais ou d'un Turc qui a du sang bulgare dans les veines. Mes expériences personnelles m'ont convaincu que les Turcs proprement dits ne feront jamais rien en fait de commerce, d'industrie et de science.

Les journaux allemands nous entretiennent de la soif d'instruction des Turcs pleins de zéle pour apprendre l'allemand, ils parlent même de conrs d'allemand pour adultes qui seraient institués en Turquie. Certainement ils ont été institués, mais avec quel résultat ? On nous dit qu'un cours de langue dans une école réale a commencé avec quinze maîtres d'école turcs comme éléves. Mais on oublie d'ajouter qu'aprés quatre leçons, il en restait six ; aprés cinq leçons, cinq ; aprés six leçons, quatre ; aprés sept leçons, trois, en sorte que par suite de l'indolence de ces éléves, le cours cessa au bout de huit leçons, n'ayant pour ainsi dire pas commencé. Si les éléves avaient été des Arméniens, ils auraient tenu bon jusqu'au bout de l'année scolaire, étudié consciencieusement et finalement auraient à peu prés su l'allemand.

Quels sont les devoirs de l'Allemagne, comme de tout état civilisé, en regard des massacres arméniens ? Tous nous devons chercher à préserver de la mort le demi-million de femmes et d'enfants arméniens qui sont encore vivants en Turquie, en proie à la famine. Les laisser périr serait une honte pour tout le monde civilisé. Les centaines de mille de femmes et d'enfants déportés qui se traînent encore sur les confins du désert mésopotamique et les routes qui y conduisent, ne supporteront plus longtemps leurs souffrances. Combien de temps peut-on vivre en ramassant dans les crottins des chevaux les grains qui s'y trouvent et en y ajoutant de l'herbe ? Beaucoup sont irrévocablement perdus à la suite de ces longues privations et de la dysenterie. A Konia vivent encore quelques milliers d'Arméniens expulsés de Constantinople, gens qui étaient aisés, cultivés, médecins, écrivains, marchands, on pourrait leur venir en aide. Il se trouve encore seize cents Arméniens, hommes, femmes et enfants parmi lesquels des grand'mères de 60 ans et beaucoup d'enfants de 6 et 7 ans, sur une section du chemin de fer de Bagdad entre Eiran et Enteli, ils sont casseurs de pierres et terrassiers dans le voisinage du grand tunnel. Pendant quelque temps l'ingénieur Morf du chemin de fer de Bagdad s'en est occupé, mais le gouvernement a déjà établi une liste de leurs noms. Aussitôt leur travail terminé, ce qui arrivera dans deux ou trois mois, « on leur assignera une nouvelle résidence » ce qui veut dire que les hommes seront éloignés et tués, que les femmes jeunes et jolies entreront dans les harems, et que le reste sera chassé au désert jusqu'à ce que tout soit fini.

Le peuple arménien a droit à l'aide allemande. Lorsqu'il y a quelques années un massacre était imminent en Cilicie, un navire de guerre allemand apparut devant Mersine. Le commandant rendit visite au Catholicos arménien à Adana et lui donna l'assurance qu'aussi longtemps que l'influence allemande s'exercerait en Turquie, il n'y aurait plus de massacres comme au temps d'Abdul Hamid. Les mêmes assurances ont été données par l'Ambassadeur allemand au Patriarche arménien et au président du conseil national arménien dans une audience en avril 1915.

Indépendamment du devoir chrétien général, nous Allemands, nous avons l'obligation d'opposer une digue à la destruction complète du demi-million qui survit. Nous sommes les alliés de la Turquie ; les Français, les Anglais, les Russes étant maintenant hors de cause, nous sommes les seuls qui avons encore quelque chose à dire. Nous pouvons repousser avec indignation les mensonges de nos ennemis qui disent que les consuls allemands ont organisé les massacres. Nous n'arriverons pas à déraciner l'idée des Turcs que l'Allemagne a organisé les massacres si nos diplomates et nos officiers ne prennent pas une attitude énergique. Il ne subsisterait contre nous que la seule accusation que la crainte et la faiblesse envers nos alliés nous ont empêché de sauver un demi-million de femmes et d'enfants, cela suffirait à défigurer à tout jamais d'un trait hideux l'image de la guerre allemande dans le miroir de l'histoire.

On se tromperait beaucoup si l'on croyait que le gouvernement turc renoncera de lui-même et sans une pression violente du gouvernement allemand à cette destruction des femmes et des enfants. Peu de temps encore avant mon départ d'Alep, en Mai de cette année, à Ras ul Ain sur le chemin de fer de Bagdad, les convois de déportés qui y étaient accumulés, environ 20.000 femmes et enfants, ont été massacrés.

II

Notes de voyage d'un allemand mort en Turquie

Du 28 juillet au 20 août 1915, je fis un voyage à Marasch. A Beschgös, entre Kilis et Aintab, les gens du village s'entretenaient de l'expulsion des Arméniens, qui devait commencer le lendemain à Aintab. Un personnage bien habillé vint se joindre à la conversation, il avait l'air d'un Tcherkesse, avec son costume à moitié civil, à moitié militaire. Il demanda : De quel quartier de la ville partent-ils ? quelle route suivront-ils ? quelle sorte de gens sont-ils ? possèdent-ils quelque avoir ? Comme l'un des assistants lui demandait s'il était un civil ou un militaire, il répondit en riant : « Y a-t-il une meilleure occasion que celle-ci pour devenir soldat ? » Ce grossier personnage aurait mérité une leçon qu'il n'eût point oubliée. Mais je m'abstins de lui répondre ; c'eût été souiller le nom allemand, que de le traiter comme il aurait fallu le faire. A mon retour de voyage, j'appris que les premiers déportés d'Aintab, appartenant presque tous à des familles aisées, avaient été entièrement dépouillés, comme on me l'assura de tous côtés, ce qui me fut confirmé par les autorités, avec lesquelles le douteux personnage mentionné plus haut devait être, selon toute apparence, en relation.

A Karaböjuk, entre Aintab et Marasch, je rencontrai 40 femmes et enfants et 5 ou 6 hommes. Devant eux, à 200 mètres, marchaient une centaine de soldats nouvellement recrutés. Parmi les femmes se trouvait une jeune fille institutrice qui, pendant plusieurs années, avait été dans des familles allemandes ; elle était à peine guérie d'un grave typhus. Les soldats réclamèrent avec violence pour la nuit cette jeune fille et une jeune femme, dont le mari est soldat à Damas. Il fallut que les muletiers musulmans prissent la défense de ces femmes pour retenir, à trois reprises, les soldats.

Le 6 août, le village arménien de Fundaschak, près de Marasch, avec ses 3000 habitants, fut complétement détruit. La population, presque entièrement composée de muletiers, avait dû transporter dans les trois derniers mois, un grand nombre d'Arméniens vers l'Euphrate. Ils avaient vu de leurs propres yeux les morts dans l'Euphrate, et avaient été témoins de la vente des femmes et des jeunes filles et des violences exercées contre elles.

Dans une école américaine à Marasch, j'ai vu plus de 100 femmes et enfants estropiés (jambes ou bras), mutilés de toutes les façons possibles, et parmi eux des enfants de un et deux ans.

Le 14 août, 34 Arméniens furent fusillés à Marasch; parmi eux se trouvaient deux enfants de douze ans. Le 15 août, on en fusilla 24 et 14 furent pendus plus tard. Les vingt-quatre fusillés étaient liés les uns aux autres par une lourde chaine au cou et on les avait mis en tas. En présence de la population musulmane, ils furent exécutés derrière le collège américain. Témoin oculaire, j'ai vu comment furent livrés aux violences d'une populace barbare les cadavres qui étaient encore dans les spasmes de la mort; on les tirait par les mains et par les pieds, et, pour amuser la foule musulmane, les policiers et les gendarmes, pendant une demi-heure, déchargérent leurs revolvers sur les cadavres horriblement mutilés. Ensuite, ces gens allérent devant l'hôpital allemand et criérent : *Jaschasin almanya*, (Vive l'Allemagne). Des musulmans m'ont dit et répété que c'était l'Allemagne qui faisait détruire les Arméniens de cette façon.

Sur la route de la ville à notre ferme, j'ai vu près des maisons, sur un tas d'ordures une tête humaine, qui servait de cible à des enfants turcs. A Marasch même, pendant mon séjour, journellement des Arméniens étaient abattus par des civils, et leurs cadavres gisaient, toute la durée du jour, dans les égoûts ou n'importe où.

A Marasch, Kadin Pacha me disait : « Je sais que dans la région du 4e corps d'armée, d'aprés des ordres reçus de l'autorité, toute la population masculine a été tuée ».

Le 20 août 1915, à 6 h. du soir, il fut notifié à Marasch, sur l'ordre du vali d'Adana, que jusqu'au samedi à midi, la population masculine au-dessus de quinze ans, soit 5,600 hommes, devaient se tenir en dehors de la ville, prêts à partir. Quiconque serait trouvé dans la ville, passé midi, serait sans autre formalité, abattu. Chacun savait ce que signifiait cet ordre de l'autorité, et nous vécûmes des heures d'une horrible panique. Au dernier moment, l'ordre du vali fut modifié grâce à l'intervention du trés humain gouverneur de Marasch, en ce sens que les hommes purent partir avec leurs familles. Le 28 août, encore, le vali avait fait appeler les autorités ecclésiastiques, et leur avait assuré que les Arméniens ne seraient pas expulsés. Ces malheureux furent obligés de partir sans aucuns préparatifs.

Dans le village de Böveren, prés d'Albistan, tous les habitants arméniens, au nombre de 82, furent tués; un enfant de douze ans, qui s'était jeté à l'eau, fut sauvé.

Dans le voisinge de Zeitun, les habitants d'un village où régnait la petite vérole, furent expulsés. Les varioleux, dont plusieurs étaient aveuglés par les pustules, furent placés à Marasch dans les caravansérails où se trouvaient déjà des déportés d'autres régions.

A Marasch, je vis un convoi de 200 personnes peut-être, parmi lesquelles plusieurs étaient aveugles. Une femme de soixante ans environ tenait par la main sa fille paralysée depuis sa naissance. Tous allaient à pied. Aprés une heure de marche, un homme tomba prés du pont d'Erkeness; il fut dépouillé et tué. Quatre jours plus tard, nous vîmes encore son cadavre dans un fossé.

Hier soir, je faisais une visite à une personne de ma connaissance. Il y avait chez elle comme hôtes, une mère et son enfant, chassés de Siwas; c'étaient les survivants d'une famille de 26 personnes, qui avaient été expulsés de Siwas trois mois auparavant, et qui étaient arrivés récemment ici.

A Aintab, j'ai vu l'ordre écrit par le gouverneur, dans lequel il interdisait aux Musulmans de vendre quoi que ce fût aux Arméniens expulsés qui traversaient la ville. Le même gouverneur faisait prendre des mesures pour attaquer les convois de déportés! Deux convois furent dépouillés jusqu'à la chemise.

2,800 expulsés de Gurun furent dépouillés à Airan-Punar (à 12 heures de Marasch) par huit brigands, portant, les uns l'uniforme d'officier, les autres celui de soldat. A Kysyl-Getschid, à 1 h. ½ de Airan-Punar, les gendarmes firent séparer les gens, les quelques hommes d'un côté, les femmes de l'autre. Les femmes furent mises nues et dépouillées; quatre femmes et deux filles furent emportées pendant la nuit et violées; cinq revinrent le lendemain matin. Dans un défilé de l'Engissek-Dagh le convoi fut complètement pillé par les Turcs et les kurdes. Dans cette attaque 200 personnes environ furent tuées; 70 grièvement blessées durent être laissées en arrière, et plus de 50 blessés furent enlevés avec le convoi. Je rencontrai les 2500 personnes qui restaient à Karaböjuk. Ces gens se trouvaient dans un état lamentable, indescriptible. A une heure de Karaböjuk, deux hommes tombèrent sur la route, l'un avec deux blessures de sabre, l'autre avec sept. Plus loin tombèrent deux femmes épuisées, plus loin quatre autres; parmi elles une fille de dix-sept ans, ayant dans les bras, enveloppé de haillons, un enfant de deux jours. Un homme de soixante ans, abandonné sur la route, avec une profonde blessure de poignard, longue d'un doigt et large de deux, en pleine figure, me disait qu'il était parti de Gurun avec 13 animaux. Toutes ses bêtes et ses marchandises lui avaient été prises à Airan-Punar, et il s'était traîné à pied jusqu'à une heure de Karaböjuk, où il s'était affaissé, épuisé. Tous ces gens avaient été dans l'aisance; on estime la valeur des animaux, des marchandises et de l'argent volés à plus de 6000 livres turques (la livre turque vaut environ 23 francs). Les épuisés étaient laissés sur la route, des deux côtés du chemin on apercevait des cadavres. Dans ce convoi de 2,500 personnes, je ne vis que 30 à 40 hommes. Les hommes au-dessus de 15 ans, furent emmenés avant les femmes et vraisemblablement tués. Ces malheureux furent intentionnellement poussés sur des chemins détournés et dangereux; au lieu d'atteindre directement Marasch en quatre jours, ils furent près d'un mois en route. Ils durent voyager sans animaux, sans lits, sans nourriture; ils recevaient une fois par jour un pain mince et insuffisant pour pouvoir se nourrir; 400 personnes de ce convoi, des protestants, atteignirent Alep, il en mourait deux ou trois chaque jour.

L'attaque d'Airan-Punar eut lieu d'accord avec le Kaimakan d'Albistan, qui s'était fait payer 200 L. T. en promettant aux Arméniens qu'il prendrait soin qu'ils arrivassent en sécurité à Aintab. Le Kaimakan de Gurun se fit remettre 1020 L. T. et donna la même assurance. J'ai vu un homme qui se trouvait avec d'autres dans une salle de club à Gurun et qui versa cette somme au Kaimakan. Près d'Aintab, plusieurs femmes de ce convoi furent violentées pendant la nuit par des individus d'Aintab. Dans l'attaque d'Airan-Punar, des hommes furent liés à des arbres et brûlés. Pendant l'exode de Gurun, des mollahs du haut des toits des églises chrétiennes[1], faisaient l'appel à la prière des musulmans. Un témoin oculaire me racontait comment, dans les environs d'Airan-Punar, deux individus, deux frères, se disputaient au sujet du butin. L'un disait à l'autre : « Pour ces quatre paquets, j'ai tué 40 femmes ».

Un musulman nommé Hadji, que je connaissais depuis de

[1] L'église protestante de Gurun a été reconstruite après le massacre de 1895 avec des fonds envoyés de Suisse. (Note du Trad.)

longues année à Marasch, m'a raconté ce qui suit : « A Nissibin, je me trouvais avec les muletiers enfermé dans un caravansérail dont les portes étaient closes ; plusieurs jeunes femmes de Furnus y furent violentées pendant la nuit par les gendarmes accompagnant le convoi et par les civils aussi. »

A Aintab, dans le bureau du commissaire de police, un Agha musulman dit, en ma présence à un Arménien : « Ici et là on a trouvé des lettres. Quels rapports as-tu avec ces lettres ? Je te l'ai souvent dit, tu aurais dû te faire musulman ; si tu m'avais écouté, tu aurais échappé à tous ces désagréments auxquels ton peuple est exposé. »

Des 18,000 expulsés de Charput et de Sivas, 350 (femmes et enfants) arrivèrent à Alep, et des 19,000 chassés d'Erzerum, 11 y parvinrent, un enfant malade, quatre jeunes filles et six femmes. Un convoi de femmes et de jeunes filles dut faire à pied, le long de la voie ferrée, les 65 heures de route de Ras-el-Aïn à Alep, bien que pendant ce temps les trains servant au transport des troupes revinssent à vide. Des voyageurs musulmans, qui ont suivi ce chemin, racontent que la route est impraticable par suite des nombreux cadavres qui y gisent des deux côtés et dont l'odeur empoisonne l'air. De ceux qui stationnent à Alep, il est mort jusqu'à présent de 100 à 200 déportés par suite des fatigues du voyage. Lorsque les femmes et les enfants affamés et amaigris au point d'avoir l'apparence de squelettes, arrivent à Alep, ils se précipitent comme des bêtes sur la nourriture. Mais pour beaucoup, les organes intérieurs ne fonctionnent plus, et, après une ou deux bouchées, la cuillère est jetée de côté. L'autorité a prétendu qu'elle avait fourni la nourriture aux expulsés ; le convoi de Charput, cité plus haut, n'a reçu en trois mois, qu'une seule fois du pain.

Non seulement l'autorité ne prend aucun soin de ces malheureux, mais elle les laisse dépouiller de tout. A Ras-el-Aïn, arrive un convoi de 200 femmes et jeunes filles complètement nues ; chaussures, chemises, tout leur a été pris, et, pendant quatre jours, on les laisse nues sous les rayons brûlants du soleil (40° à l'ombre), livrées aux railleries et aux moqueries des soldats qui les accompagnent. M... disait qu'il avait vu lui-même dans le même état un convoi de 400 femmes et enfants. Si les malheureux en appelaient aux sentiments de charité des fonctionnaires, il leur était répondu : « Nous avons reçu l'ordre formel de vous traiter ainsi. »

Au commencement, à Alep, les morts étaient portés au cimetière dans les cercueils préparés à cet effet par l'Église arménienne. Des porteurs s'acquittaient de cet office et recevaient pour chaque mort 2 piastres. Lorsque les porteurs ne purent plus suffire à la tâche, les femmes portèrent elles-mêmes leurs morts au cimetière, les petits enfants sur les bras, les plus grands sur un sac que quatre femmes tenaient par les coins. J'ai vu des morts qui, placés en travers sur un âne, allaient ainsi au champ du repos. Une personne de ma connaissance vit un cadavre attaché à un bâton que deux hommes portaient. Un autre a vu un char à bœufs plein de morts se diriger vers le cimetière. Le char à deux roues ne pouvait pas passer par la porte étroite du cimetière. Le charretier tourna son char et le vida ; puis il traîna les morts, par les bras, par les jambes, jusqu'à la fosse. Parfois, il y avait par jour cinq à six chariots en activité, pour porter les cadavres au cimetière. Dans un caravansérail, servant d'hôpital, j'ai vu un dimanche 30 cadavres dans une cour de 20 mètres de large sur 40 de long. On en avait déjà enseveli une vingtaine ce jour-là. Ces 30 cadavres restèrent jusqu'au soir. Ma femme les fit enterrer dans l'obscurité en donnant à chacun des trois porteurs un medjidié (environ 4 fr. 40). La peau d'un corps resta attachée aux mains des porteurs, tant la décomposition était avancée. Entre les morts étaient couchés les mourants et ceux qui étaient gravement atteints, sous un soleil brûlant, au nombre de 1000 environ. C'était un spectacle épouvantable, que je n'avais jamais vu auparavant, même à Marasch en été, lorsque j'avais été témoin, comme je l'ai raconté, de l'exécution de 24 Arméniens.

Ces pauvres gens avaient presque tous la diarrhée. On avait creusé dans la cour des rigoles, le long desquelles étaient couchés les mourants, le dos tourné contre la rigole, pour que les matières pussent y couler. Celui qui mourait était enlevé, et sa place prise aussitôt par un autre. Il est arrivé souvent qu'on a porté comme morts au cimetière des hommes qui donnaient encore des signes de vie ; on les mettait alors de côté, jusqu'à ce qu'on fût convaincu que la mort avait fait son œuvre. Une jeune fille revint si vite à elle, qu'on put la ramener dans la ville, et un homme, enseveli le soir, fut trouvé le lendemain matin, assis vivant sur son tombeau. On mettait plusieurs morts dans la même fosse et lui avait été enseveli le dernier; dans l'obscurité du soir, on n'avait à la hâte jeté que peu de terre sur lui. A Tel-Abiad, M... a vu des fosses ouvertes avec 20 à 30 cadavres; quand elles étaient pleines de corps, on jetait dessus quelques pelletées de terre. M... me disait que l'odeur de la putréfaction était telle qu'il était impossible de rester dans le voisinage, et c'était près de là que devaient camper les expulsés. De 35 orphelins mis dans une chambre, 30 moururent à Alep en une semaine, faute de soins. M... raconte qu'à son retour de voyage, il a vu partout des cadavres sur la route ; un Kurde s'est vanté devant lui d'avoir tué 14 enfants.

Le dimanche 12 août 1915, j'avais affaire à la gare de Damas à Alep, et j'eus l'occasion de voir comment un millier de femmes et d'enfants furent chargés dans des wagons à bestiaux.

Chez nous, en Allemagne, le bétail a droit à plus de place que ces pauvres gens. 90 °/ₒ de ces malheureux portaient la mort inscrite sur leur visage. Il y avait parmi eux des gens auxquels on ne laissait vraiment pas le temps de mourir. La veille on avait transporté un convoi; le lendemain matin on trouva deux morts, des enfants d'âge moyen, qui avaient succombé pendant le chargement et dont les corps étaient restés dans le wagon.

Le 13 septembre 1915, il fut donné connaissance d'une

dépêche du commandant de la 4e armée Djemal Pacha, ainsi rédigée : « Toutes les photographies prises des convois d'Arméniens par les ingénieurs ou d'autres fonctionnaires de la société pour la construction du chemin de fer de Bagdad doivent être remises dans les 48 heures, avec les clichés, au commissariat militaire du chemin de fer de Bagdad à Alep. Tout contrevenant à cet ordre sera poursuivi devant le conseil de guerre. »

J'ai vu quelquefois des femmes et des enfants chercher dans des tas d'immondices des débris de nourriture, qu'ils dévoraient aussitôt. J'ai vu des enfants ronger des os, qu'ils avaient ramassés dans des coins, où les passants allaient satisfaire leurs besoins.

Entre Marasch et Aintab, la population musulmane d'un village voulait donner de l'eau et du pain à un convoi de 100 familles ; mais les soldats accompagnant le convoi s'y opposèrent. Les ⁴/₅ des expulsés sont des femmes et des enfants ; la plus grande partie des hommes sont enrôlés dans l'armée.

20.000 expulsés, passant par Marasch, n'eurent pas la permission de se rendre directement à Aintab ni d'être ravitaillés, bien que la route de caravane conduise en droite ligne à Aintab.

A Ras-el-aïn se trouvent près de 1500 femmes et enfants, survivants de plusieurs milliers, déportés avec leurs maris de Charput et des environs. Parmi ces 1500 personnes il n'y a plus un seul homme ni garçon au dessus de 10 à 12 ans. Sans soins et sans protection quelconque contre le soleil, les bien portants comme les malades sont soumis à une chaleur de 43° C. (à l'ombre) du matin jusqu'au soir, abandonnés au caprice des soldats qui les gardent. M. L. qui parlait devant moi, le mois dernier, de ces « canailles d'Arméniens », me dit textuellement : « Je ne suis pas un homme facile à émouvoir, mais depuis ce que j'ai vu à Ras-el-aïn, je ne puis retenir mes larmes. Je ne croyais pas possibles à notre époque de tels forfaits et de semblables actes de violence infligeant un pareil opprobre à toute l'humanité ».

Un Tschaoush (maréchal des logis), du nom de Suleiman s'empara de 18 femmes et enfants qu'il livra à des Arabes pour deux ou trois medjidié (huit à douze francs). Un commissaire turc me disait : « Nous n'avons plus aucune idée du nombre de femmes et de jeunes filles qui ont été enlevées par les Arabes et les Kourdes, de force ou après entente avec l'autorité. Cette fois nous avons accompli notre travail avec les Arméniens comme nous le souhaitions : de 10 il n'en reste plus un seul vivant ».

Pendant que j'écris ces lignes, ma femme revient d'une course en ville et, tout en larmes, me raconte qu'elle a rencontré un convoi de plus de 800 Arméniens, les pieds nus et les vêtements déchirés, se traînant en portant sur leurs épaules les petits enfants et le peu de choses qui leur restent.

A Besne, 1800 personnes (toute la population), surtout des femmes et des enfants, furent expulsés ; ils devaient être déportés, disait-on, à Urfa. Au Göksü, affluent de l'Euphrate, ils durent se déshabiller ; puis on les abattit tous, et on jeta leurs corps dans la rivière.

Récemment on a vu flotter un jour sur l'Euphrate 170 cadavres, un autre jour 50 ou 60. M. l'ingénieur A., dans une course, en aperçut 40. Les corps qui s'arrêtaient sur les rives étaient dévorés par les chiens ; sur les bancs de sable, dans le fleuve, les vautours s'en rassasiaient.

Les 800 Arméniens mentionnés plus haut avaient été chassés des environs de Marasch. On leur avait dit qu'ils seraient déportés à Aintab et qu'ils devaient s'approvisionner pour deux jours. Lorsqu'ils approchèrent d'Aintab, on leur dit : « Nous nous sommes trompés ; nous devons aller à Nissibin ». L'autorité ne leur avait pas préparé de vivres, et on ne leur avait pas fourni l'occasion d'en acheter. A Nissibin on leur dit : Nous sommes dans l'erreur ; nous devons aller à Membidj ». Là, on leur dit de nouveau : « Il y a erreur : il faut aller à Bab..., etc. ». Ils durent ainsi errer 17 jours, abandonnés au caprice des soldats qui les accompagnaient. Pendant ce temps

Ils ne reçurent rien, en fait de vivres, de l'autorité, et durent échanger contre du pain le peu qu'ils possédaient.

A une femme, on enleva de force sa fille aînée. Désespérée, elle prit avec elle ses deux autres enfants et se précipita dans l'Euphrate.

Saïd, émigré de Tripoli, depuis quatre ans palfrenier chez M. L., avec un salaire mensuel de 400 piastres (80 fr.), s'engagea comme volontaire, afin de pouvoir, comme il le disait, abattre lui aussi quelques arméniens. Comme récompense on lui promit une jolie maison dans un village arménien des environs d'Urfa.

Deux Tcherkesses chez M. l'administrateur E. s'engagèrent comme volontaires pour le même motif.

Le cheikh d'une colonie tcherkesse, Tschordekli, déclarait à une personne de ma connaissance au sujet des volontaires de cette localité : « Ew jikmak itschun giderler. » (Ceux-ci s'en vont pour ruiner des familles.)

A Arab-Punar, un major turc parlant allemand s'exprime en ces termes : « Moi et mon frère nous avons recueilli à Ras-el-Aïn une jeune fille qui était restée en route. Nous sommes très fâchés contre les Allemands de ce qu'ils agissent ainsi. » Et comme je protestais, il dirent : « Le chef d'état-major général est allemand, von der Goltz est commandant, et il y a tant d'officiers allemands dans notre armée ! Notre Coran ne permet pas des traitements tels que ceux qu'on inflige maintenant aux Arméniens. » A Nuss Tell un inspecteur musulman parlait dans les mêmes termes à un secrétaire des mines. Comme je l'interrogeais sur ce sujet devant d'autres personnes, il déclara : « Ce n'est pas moi seulement qui le dis, c'est tout le monde ».

A Biredjik, les prisons sont remplies pendant le jour, et la nuit, on les vide. Tell Armen, village de 3000 habitants, fut subitement attaqué ; les habitants furent massacrés, morts ou vivants jetés dans les puits ou brûlés. Le major von Mikusch fut témoin de ce ravage. Un chef d'escadron allemand vit entre

Diarbekir et Urfa des deux côtés de la route des cadavres avec la gorge tranchée. M. S. vit aussi, en chemin d'innombrables cadavres d'enfants.

Le 5 octobre 1915, M. revint de Nuss Tell et fit le récit suivant :

« Entre Tell Abiad et Kultepe j'ai vu près de la route, à six places différentes, des femmes mortes nues, plus loin une femme morte nue dont les pieds étaient mutilés, une femme morte encore vêtue, plus loin deux enfants morts, plus loin une jeune fille plus grande morte, et près d'elle un enfant mort, enfin une femme morte baillonnée, en tout 18 cadavres. Les femmes étaient, sauf une, complétement nues, et plusieurs d'entre elles portaient, autant qu'on en pouvait juger par les traits du visage, les traces des violences dont elles avaient été victimes. Tous les enfants morts étaient habillés. »

Entre Kultepe et Harab-Nass, M. vit à côté d'un poteau télégraphique un enfant mourant, plus loin six morts, des femmes complétement nues et deux enfants morts. Une femme complétement nue se montra sous un pont, implorant, les bras tendus, qu'on la prît ; elle fut laissée.

A Tell-Abiad, après le départ d'un convoi, il resta près de la voie 17 morts et mourants. Deux employés du chemin de fer firent plus tard ensevelir ces 17 cadavres.

On amène dans cette région depuis plusieurs jours des convois d'Arméniens. Les déclarations de M. coïncident avec ce que me disait le président de la commission de déportation, lorsque je lui présentai une requête en faveur de quatre enfants arméniens : « Vous ne comprenez pas ce que nous nous proposons. Nous voulons détruire le nom arménien. De même que l'Allemagne ne veut laisser subsister que des Allemands, nous Turcs nous ne voulons que des Turcs. »

LIEUX DE SOUSCRIPTION

pour les Arméniens

Jura-Bernois : Administration du *Libérateur*, Neuveville.

Fribourg : *P. Blancpain*, compte de chèques II. A. 85.

Lausanne : *Aug. Bridel*, rue de la Louve, 6.

Genève : *Banque de Dépôts et de Crédit*, rue de Hesse.
Administration du *Journal de Genève*.
Administration de la *Tribune*.
Administration de l'*Essor*.
Papeterie Josseaume, Bourg-de-Four, 19.
Papeterie Briquet, Corraterie, 17.
Librairie Eggimann, rue du Marché, 40.
Léop. Favre, rue des Granges, 6.

SOCIÉTÉ GÉNÉRALE D'IMPRIMERIE, 18, PÉLISSERIE, GENÈVE

www.ingramcontent.com/pod-product-compliance
Ingram Content Group UK Ltd.
Pitfield, Milton Keynes, MK11 3LW, UK
UKHW020403250726
13967UKWH00005B/2453